Impressum
Verlag: BABADADA GmbH, Nedderfeld 112 , 22529 Hamburg
Geschäftsführer / Verlagsleitung: Harald Hof
Druck: Books on Demand GmbH, In de Tarpen 42, 22848 Norderstedt

Imprint
Publisher: BABADADA GmbH, Nedderfeld 112 , 22529 Hamburg, Germany
Managing Director / Publishing direction: Harald Hof
Print: Books on Demand GmbH, In de Tarpen 42, 22848 Norderstedt, Germany

# xue xiao
# 学校

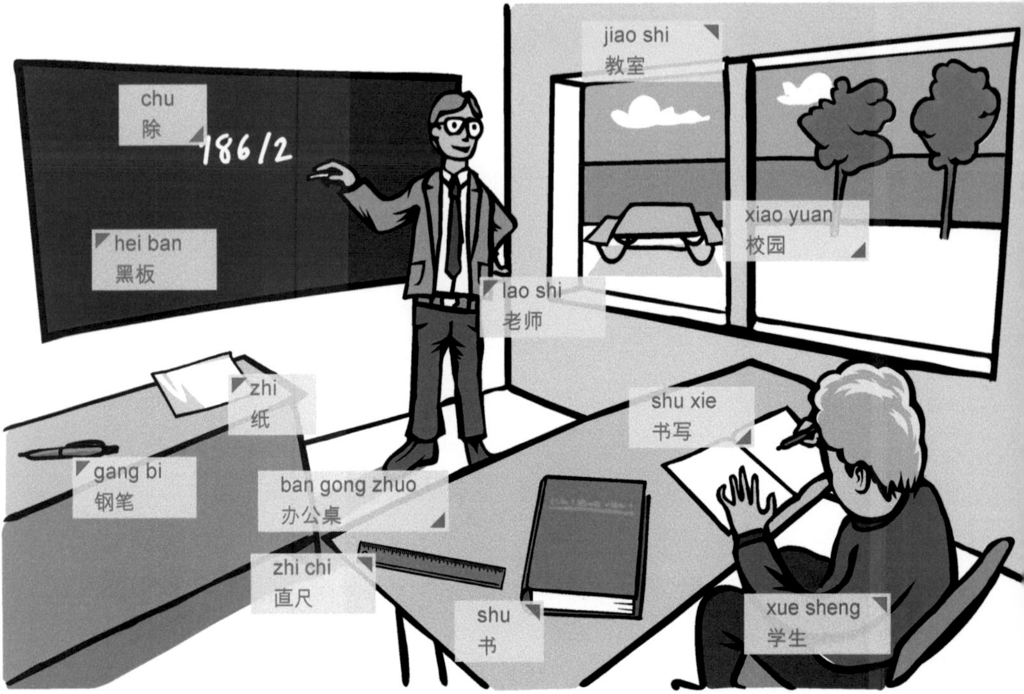
jiao shi
教室
chu
除
186/2
hei ban
黑板
xiao yuan
校园
lao shi
老师
zhi
纸
shu xie
书写
gang bi
钢笔
ban gong zhuo
办公桌
zhi chi
直尺
shu
书
xue sheng
学生

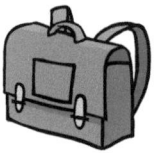

shu bao
书包

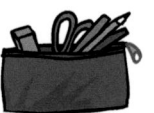

qian bi he
铅笔盒

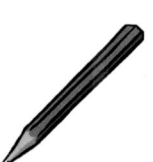

qian bi
铅笔

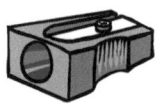

juan bi dao
卷笔刀

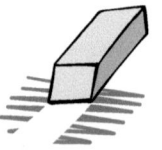

xiang pi ca
橡皮擦

hua ban
画板

tu hua

图画

hua bi

画笔

yan liao he

颜料盒

jian dao

剪刀

jiao shui

胶水

lian xi ce

练习册

jia ting zuo ye

家庭作业

shu zi

数字

jia

加

jian

减

cheng

乘

ji suan

计算

zi mu

字母

zi mu biao

字母表

zi

字

ke wen

课文

du

读

fen bi

粉笔

shang ke

上课

deng ji

登记

kao shi

考试

zheng shu

证书

xiao fu

校服

jiao yu

教育

bai ke quan shu

百科全书

da xue

大学

xian wei jing

显微镜

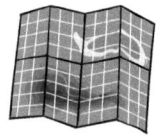

di tu

地图

fei zhi kuang

废纸筐

# lü xing
# 旅行

jiu dian
酒店
Grand
qing nian lü xing she
青年旅社
ROOMS
wai bi dui huan chu
外币兑换处
EXCHANGE
shou ti xiang
手提箱
qi che
汽车

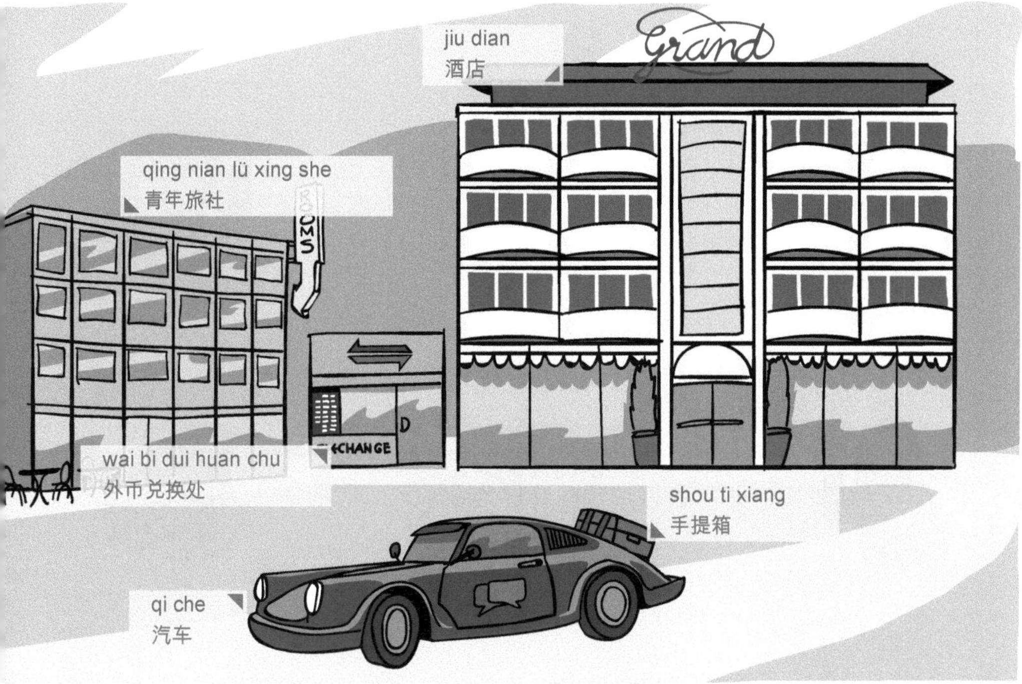

yu yan

语言

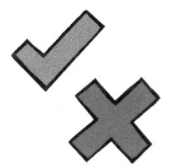

shi/fou

是/否

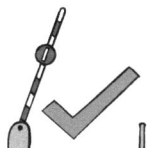

hao de

好的

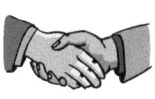

nin hao

您好

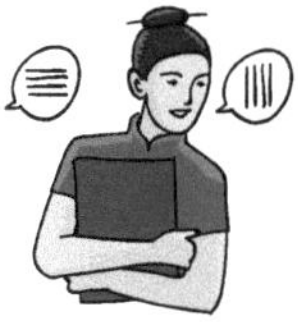

fan yi yuan

翻译员

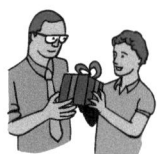

xie xie

谢谢

......duo shao qian?

......多少钱？

wo bu ming bai

我不明白

wen ti

问题

wan shang hao!

晚上好！

zao shang hao!

早上好！

wan an!

晚安！

zai jian

再见

fang xiang

方向

xing li

行李

bao

包

shuang jian bao

双肩包

ke ren

客人

fang jian

房间

shui dai

睡袋

zhang peng

帐篷

lü you xin xi

旅游信息

hai tan

海滩

xin yong ka

信用卡

zao can

早餐

wu can

午餐

wan can

晚餐

piao

票

dian ti

电梯

you piao

邮票

bian jie

边界

hai guan

海关

da shi guan

大使馆

qian zheng

签证

hu zhao

护照

# jiao tong yun shu

# 交通运输

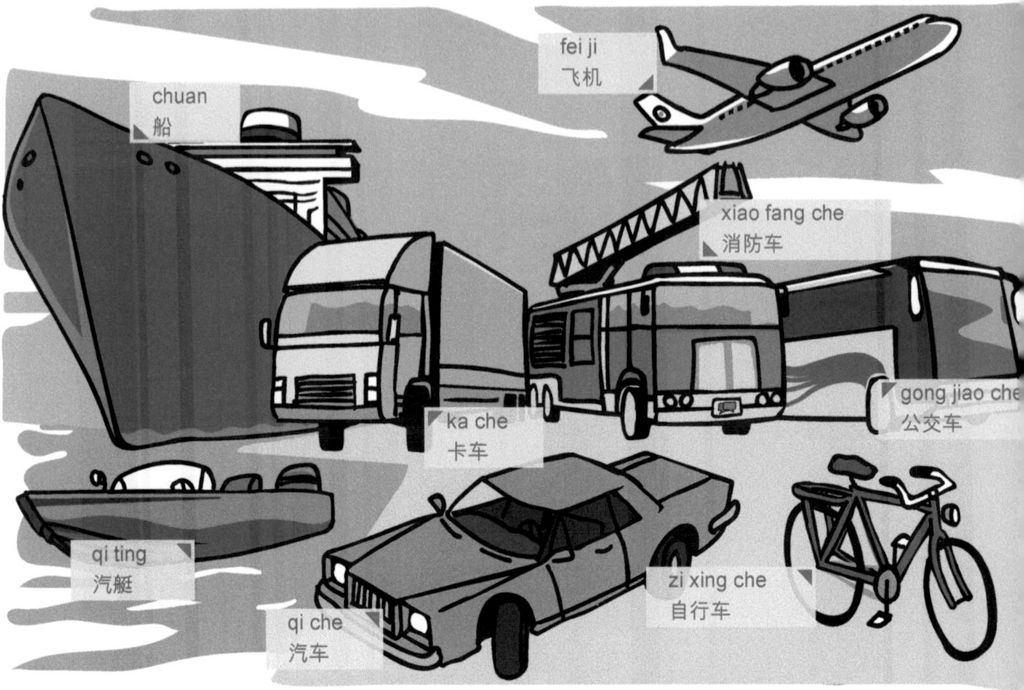
fei ji
飞机
chuan
船
xiao fang che
消防车
ka che
卡车
gong jiao che
公交车
qi ting
汽艇
zi xing che
自行车
qi che
汽车

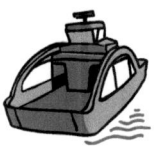

bai du chuan
摆渡船

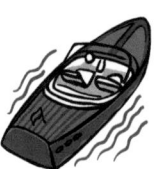

xiao chuan
小船

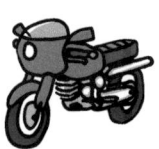

mo tuo che
摩托车

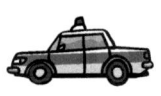

jing che
警车

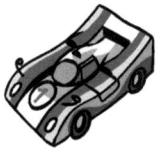

sai che
赛车

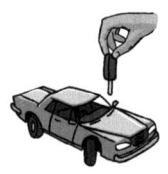

zu che
租车

pin che

拼车

tuo che

拖车

la ji che

垃圾车

fa dong ji

发动机

qi you

汽油

jia you zhan

加油站

jiao tong biao zhi

交通标志

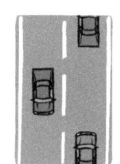

jiao tong

交通

jiao tong du sai

交通堵塞

ting che chang

停车场

huo che zhan

火车站

gui dao

轨道

huo che

火车

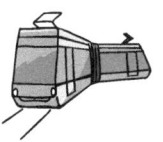

dian che

电车

huo che

货车

zhi sheng ji

直升机

ji chang

机场

ta

塔

cheng ke

乘客

ji zhuang xiang

集装箱

zhi ban xiang

纸板箱

shou tui che

手推车

lan zi

篮子

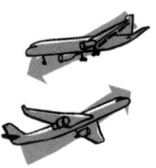

qi fei/jiang luo

起飞/降落

# cheng shi

# 城市

cun zhuang

村庄

shi zhong xin

市中心

fang zi

房子

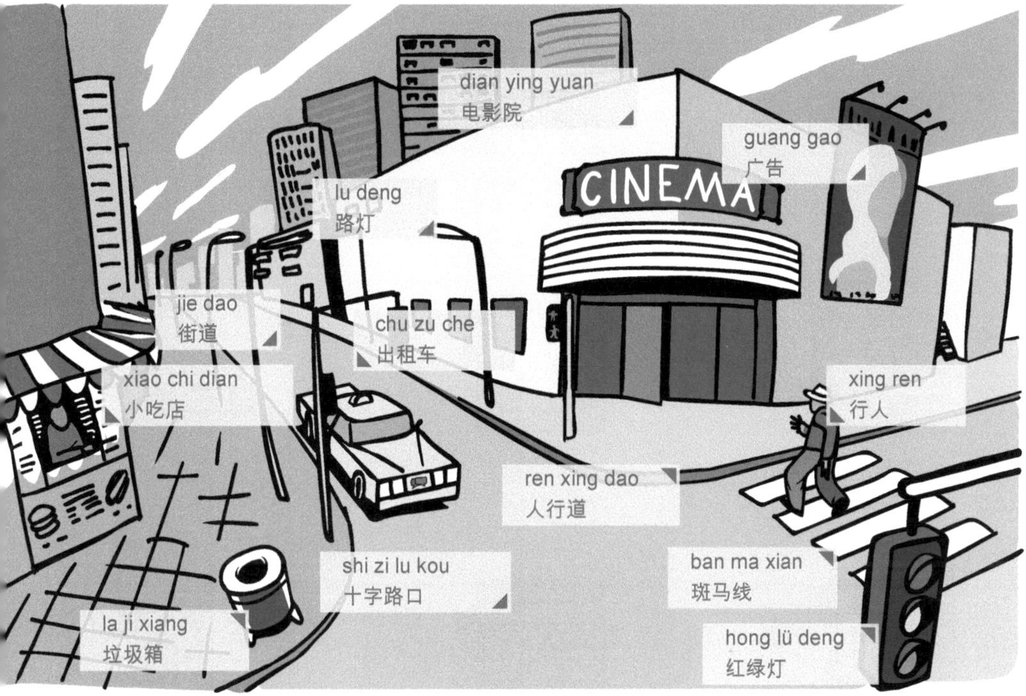

dian ying yuan
电影院
guang gao
广告
CINEMA
lu deng
路灯
jie dao
街道
chu zu che
出租车
xiao chi dian
小吃店
xing ren
行人
ren xing dao
人行道
shi zi lu kou
十字路口
ban ma xian
斑马线
la ji xiang
垃圾箱
hong lü deng
红绿灯

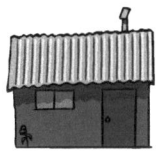

xiao wu

小屋

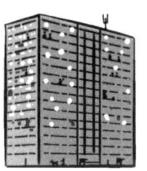

gong yu

公寓

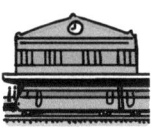

huo che zhan

火车站

shi zheng ting

市政厅

MUSEUM

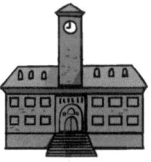

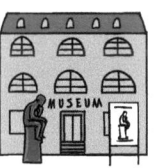

bo wu guan

博物馆

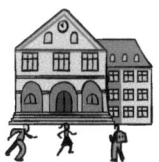

xue xiao

学校

da xue

大学

yin hang

银行

yi yuan

医院

jiu dian

酒店

yao fang

药房

ban gong shi

办公室

shu dian

书店

shang dian

商店

hua dian

花店

chao shi

超市

shi chang

市场

bai huo shang dian

百货商店

yu dian

鱼店

gou wu zhong xin

购物中心

hai gang

海港

cheng shi - 城市

gong yuan

公园

chang deng

长凳

qiao

桥

lou ti

楼梯

di tie

地铁

sui dao

隧道

gong jiao che zhan

公交车站

jiu ba

酒吧

can guan

餐馆

you tong

邮筒

lu biao

路标

ting che ji shi qi

停车计时器

dong wu yuan

动物园

you yong guan

游泳馆

qing zhen si

清真寺

nong chang

农场

wu ran

污染

mu di

墓地

jiao tang

教堂

cao chang

操场

si miao

寺庙

# di xing

## 地形

shu ye
树叶

zhi shi pai
指示牌

lu
路

cao di
草地

shi tou
石头

tu bu lü xing zhe
徒步旅行者

shu
树

he
河

cao
草

hua
花

xia gu

峡谷

shan

山

hu

湖

sen lin

森林

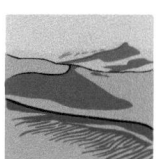

sha mo

沙漠

huo shan

火山

cheng bao

城堡

cai hong

彩虹

mo gu

蘑菇

zong lü shu

棕榈树

wen zi

蚊子

cang ying

苍蝇

ma yi

蚂蚁

mi feng

蜜蜂

zhi zhu

蜘蛛

jia chong

甲虫

qing wa

青蛙

song shu

松鼠

ci wei

刺猬

ye tu

野兔

mao tou ying

猫头鹰

niao

鸟

tian e

天鹅

ye zhu

野猪

lu

鹿

mi lu

麋鹿

shui ba

水坝

feng li fa dian ji

风力发电机

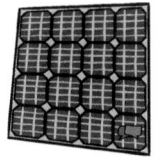

tai yang neng dian chi ban

太阳能电池板

qi hou

气候

# can guan
# 餐馆

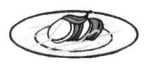

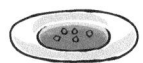

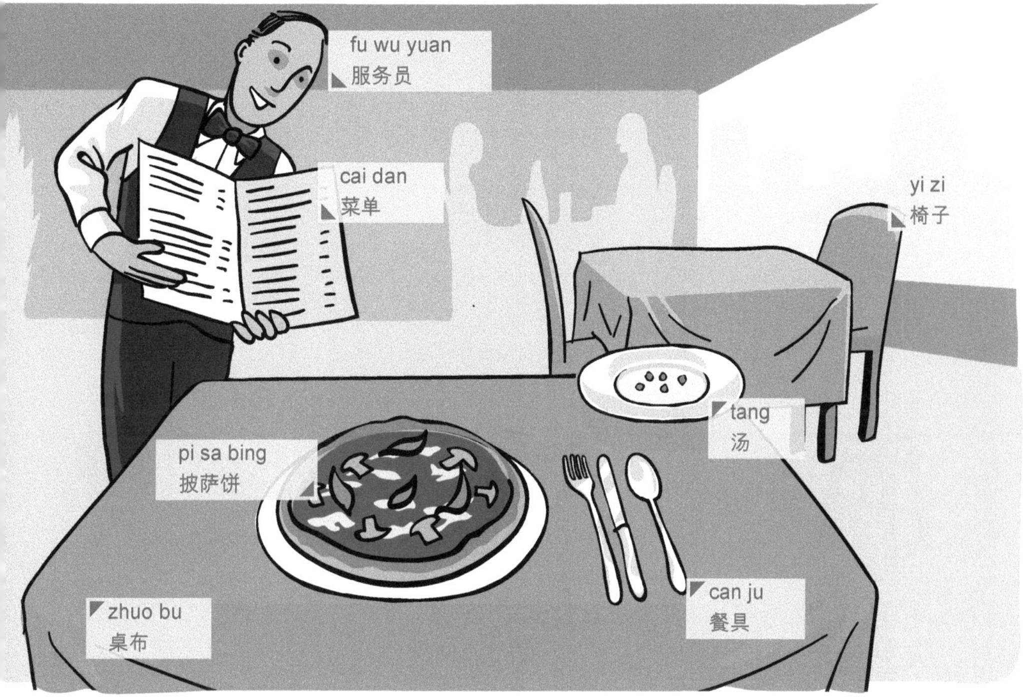

fu wu yuan
服务员
cai dan
菜单
yi zi
椅子
tang
汤
pi sa bing
披萨饼
can ju
餐具
zhuo bu
桌布


qian cai

前菜

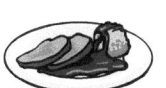

zhu cai

主菜

tian dian

甜点

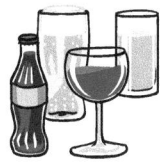

yin liao

饮料

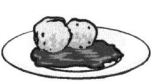

shi wu

食物

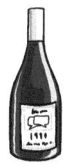

ping zi

瓶子

kuai can

快餐

jie bian xiao chi

街边小吃

cha hu

茶壶

tang he

糖盒

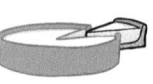

yi fen fan cai

一份饭菜

yi shi ka fei ji

意式咖啡机

gao jiao yi

高脚椅

zhang dan

账单

tuo pan

托盘

dao

刀

can cha

餐叉

shao zi

勺子

cha chi

茶匙

can jin

餐巾

bo li bei

玻璃杯

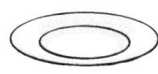

die zi

碟子

tang pan

汤盘

die zi

碟子

jiang

酱

yan ping

盐瓶

hu jiao mo

胡椒磨

cu

醋

shi yong you

食用油

tiao wei liao

调味料

fan qie jiang

番茄酱

jie mo

芥末

dan huang jiang

蛋黄酱

# chao shi
## 超市

te jia
特价
FOR
gu ke
顾客
ru zhi pin
乳制品
shui guo
水果
gou wu che
购物车

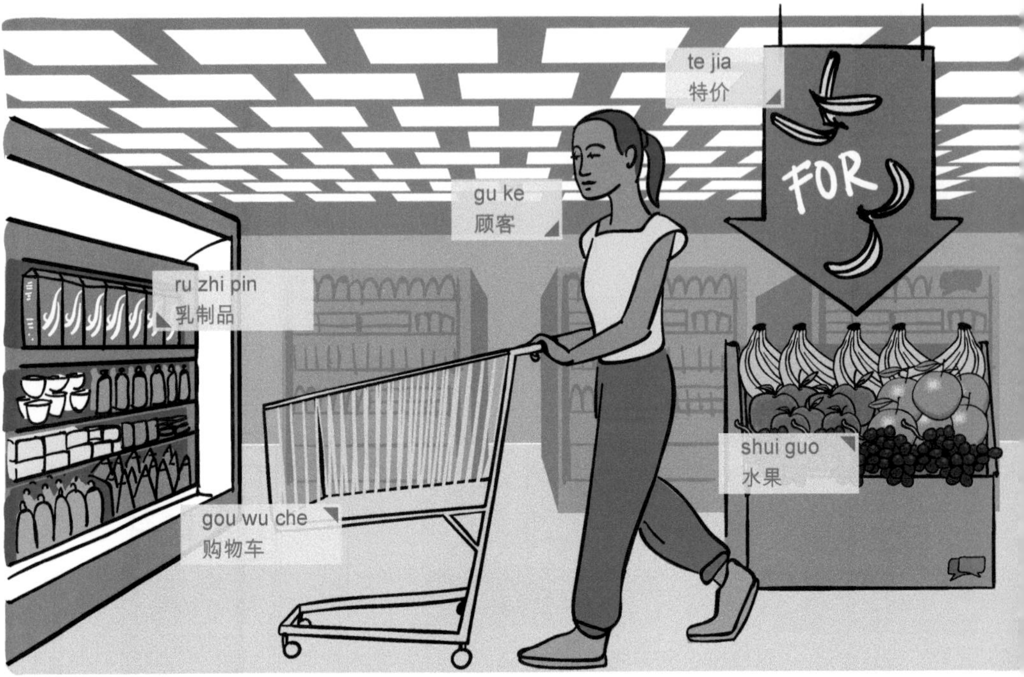

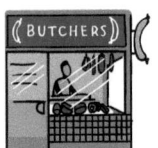

BUTCHERS

rou pu

肉铺

BAKERY

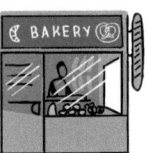

mian bao fang

面包房

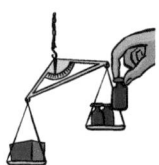

cheng zhong

称重

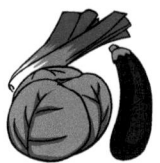

shu cai

蔬菜

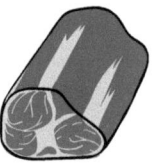

rou

肉

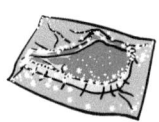

leng dong shi pin

冷冻食品

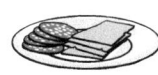

leng pan

冷盘

guan tou shi pin

罐头食品

xi yi fen

洗衣粉

tian shi

甜食

ri yong pin

日用品

qing jie yong pin

清洁用品

xiao shou yuan

销售员

shou yin ji

收银机

shou yin yuan

收银员

gou wu qing dan

购物清单

kai fang shi jian

开放时间

qian bao

钱包

xin yong ka

信用卡

dai zi

袋子

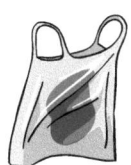

su liao dai

塑料袋

shui

水

guo zhi

果汁

niu nai

牛奶

ke le

可乐

hong jiu

红酒

pi jiu

啤酒

jiu

酒

ke ke

可可

cha

茶

ka fei

咖啡

yi shi nong suo ka fei

意式浓缩咖啡

ka bu qi nuo

卡布奇诺

xiang jiao

香蕉

ping guo

苹果

cheng zi

橙子

xi gua

西瓜

ning meng

柠檬

hu luo bo

胡萝卜

da suan

大蒜

zhu zi

竹子

yang cong

洋葱

mo gu

蘑菇

jian guo

坚果

mian tiao

面条

yi da li mian tiao

意大利面条

mi fan

米饭

sha la

沙拉

shu tiao

薯条

zha tu dou

炸土豆

pi sa bing

披萨饼

han bao bao

汉堡包

san ming zhi

三明治

zha zhu pai

炸猪排

huo tui

火腿

sa la mi

萨拉米

xiang chang

香肠

ji rou

鸡肉

kao rou

烤肉

yu

鱼

yan mai pian

燕麦片

mu zi li

穆兹利

yu mi pian

玉米片

mian fen

面粉

yang jiao mian bao

羊角面包

mian bao juan

面包卷

mian bao

面包

kao mian bao

烤面包

bing gan

饼干

huang you

黄油

ning ru

凝乳

dan gao

蛋糕

dan

蛋

jian dan

煎蛋

nai lao

奶酪

bing ji lin

冰激凌

tang

糖

feng mi

蜂蜜

guo jiang

果酱

qiao ke li jiang

巧克力酱

ga li fan

咖喱饭

# nong chang
# 农场

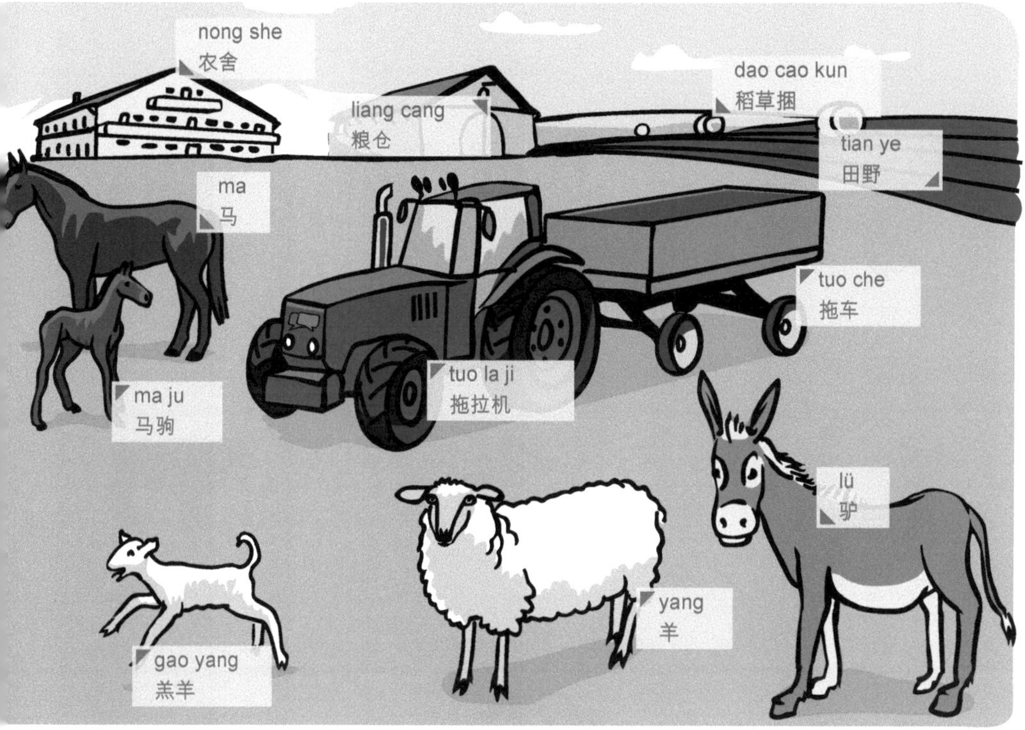
nong she
农舍
liang cang
粮仓
dao cao kun
稻草捆
tian ye
田野
ma
马
tuo che
拖车
tuo la ji
拖拉机
ma ju
马驹
lü
驴
yang
羊
gao yang
羔羊

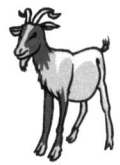

shan yang

山羊

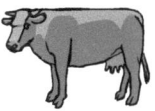

nai niu

奶牛

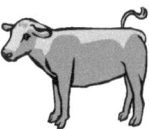

niu du

牛犊

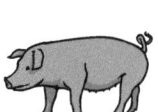

zhu

猪

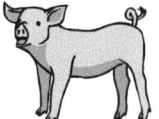

xiao zhu

小猪

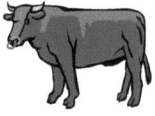

gong niu

公牛

e

鹅

ya

鸭

xiao ji

小鸡

mu ji

母鸡

gong ji

公鸡

shu

鼠

mao

猫

lao shu

老鼠

niu

牛

gou

狗

gou wu

狗屋

hua yuan jiao shui ruan guan

花园浇水软管

sa shui hu

洒水壶

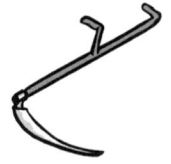

chang bing da lian dao

长柄大镰刀

li

犁

lian dao

镰刀

chu tou

锄头

chang bing cao pa

长柄草耙

fu tou

斧头

du lun shou tui che

独轮手推车

si liao cao

饲料槽

niu nai guan

牛奶罐

ma bu dai

麻布袋

zha lan

栅栏

ma jiu

马厩

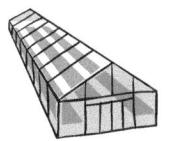

wen shi

温室

tu rang

土壤

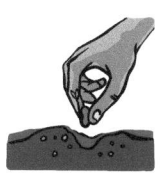

zhong zi

种子

fei liao

肥料

lian he shou ge ji

联合收割机

shou ge

收割

shou ge

收割

shan yao

山药

xiao mai

小麦

da dou

大豆

tu dou

土豆

yu mi

玉米

you cai zi

油菜籽

guo shu

果树

shu shu

树薯

gu wu

谷物

# fang zi
# 房子

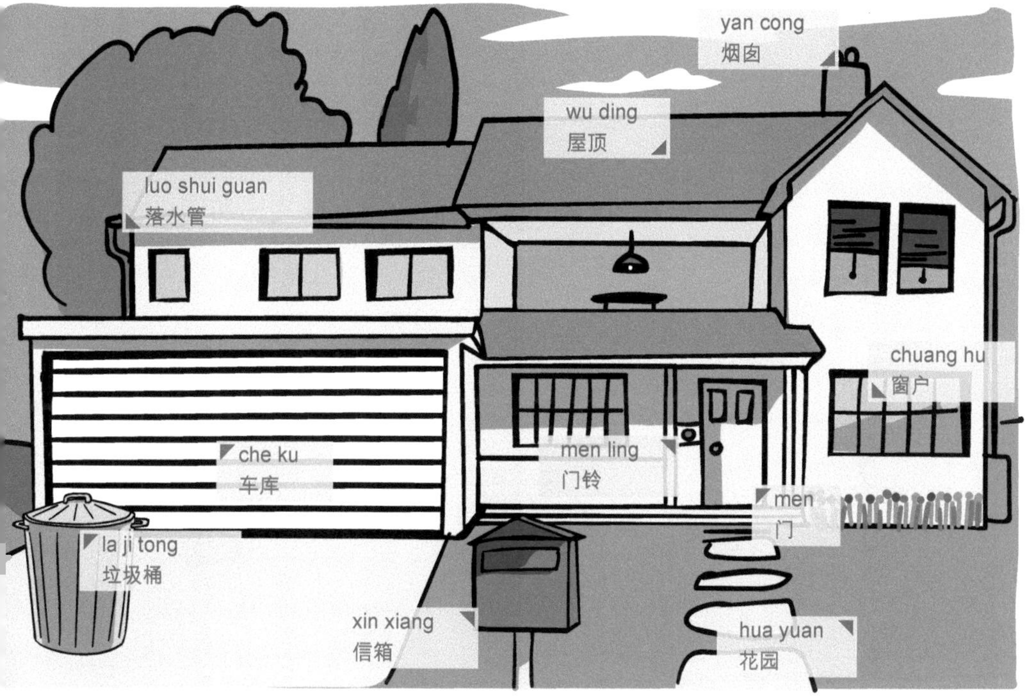
yan cong
烟囱
wu ding
屋顶
luo shui guan
落水管
chuang hu
窗户
che ku
车库
men ling
门铃
men
门
la ji tong
垃圾桶
xin xiang
信箱
hua yuan
花园

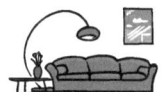

ke ting
客厅

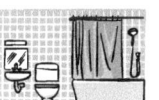

yu shi
浴室

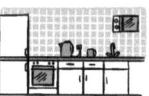

chu fang
厨房

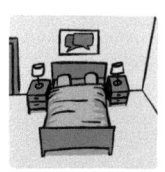

wo shi
卧室

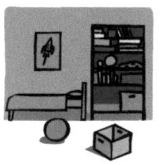

er tong fang
儿童房

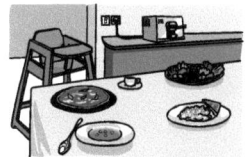

can ting
餐厅

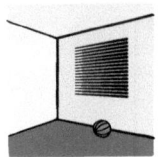

di ban

地板

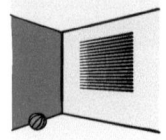

qiang bi

墙壁

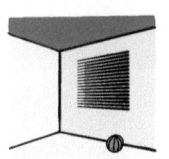

diao ding

吊顶

di jiao

地窖

sang na

桑拿

yang tai

阳台

lu tai

露台

you yong chi

游泳池

ge cao ji

割草机

bei dan

被单

chuang zhao

床罩

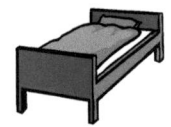

chuang

床

sao zhou

扫帚

shui tong

水桶

kai guan

开关

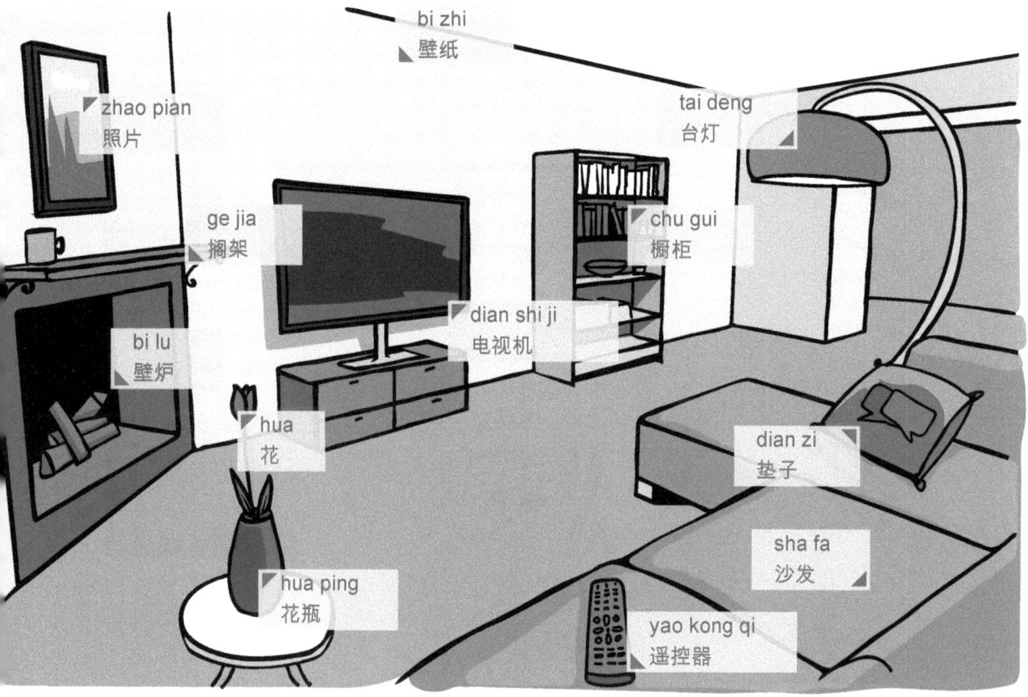

bi zhi
壁纸

zhao pian
照片

tai deng
台灯

ge jia
搁架

chu gui
橱柜

dian shi ji
电视机

bi lu
壁炉

hua
花

dian zi
垫子

sha fa
沙发

hua ping
花瓶

yao kong qi
遥控器

di tan
地毯

chuang lian
窗帘

can zhuo
餐桌

yi zi
椅子

yao yi
摇椅

fu shou yi
扶手椅

shu

书

tan zi

毯子

zhuang shi pin

装饰品

mu chai

木柴

dian ying

电影

gao bao zhen yin xiang

高保真音响

yao shi

钥匙

bao zhi

报纸

you hua

油画

hai bao

海报

shou yin ji

收音机

bi ji ben

笔记本

xi chen qi

吸尘器

xian ren zhang

仙人掌

la zhu

蜡烛

# chu fang
# 厨房

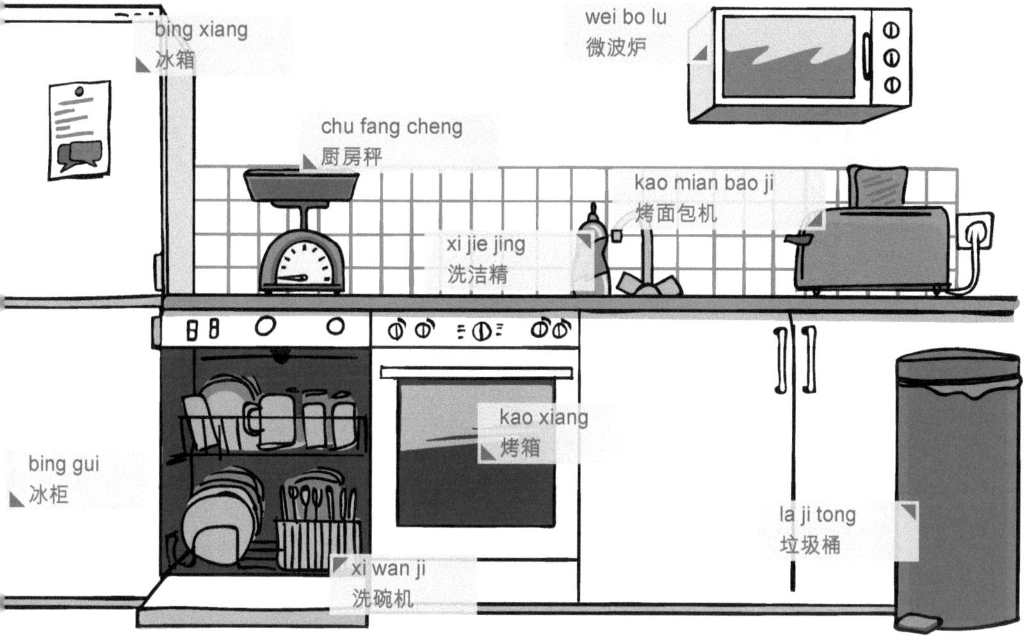
bing xiang
冰箱
wei bo lu
微波炉
chu fang cheng
厨房秤
kao mian bao ji
烤面包机
xi jie jing
洗洁精
kao xiang
烤箱
bing gui
冰柜
la ji tong
垃圾桶
xi wan ji
洗碗机

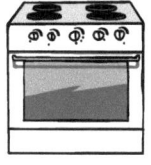

chui ju

炊具

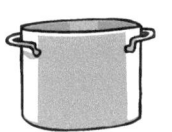

guo

锅

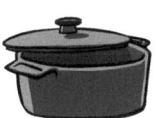

zhu tie guo

铸铁锅

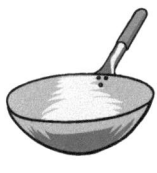

sha guo

炒锅

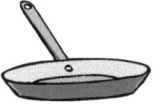

ping di guo

平底锅

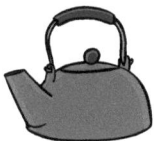

shui hu

水壶

zheng guo

蒸锅

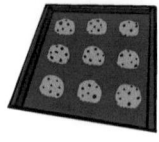

kao pan

烤盘

tao ci guo

陶瓷锅

ma ke bei

马克杯

wan

碗

kuai zi

筷子

chang bing shao

长柄勺

chan zi

铲子

jiao ban qi

搅拌器

lü wang

滤网

shai zi

筛子

mo sui ji

磨碎机

yan bo

研钵

shao kao

烧烤

ming huo

明火

cai ban

菜板

gan mian zhang

擀面杖

kai ping qi

开瓶器

guan zi

罐子

kai ping qi

开罐器

ge re shou tao

隔热手套

shui cao

水槽

shua zi

刷子

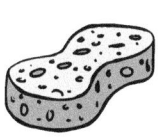

hai mian

海绵

jiao ban ji

搅拌机

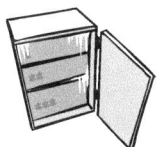

leng cang xiang

冷藏箱

nai ping

奶瓶

shui long tou

水龙头

# yu shi

# 浴室

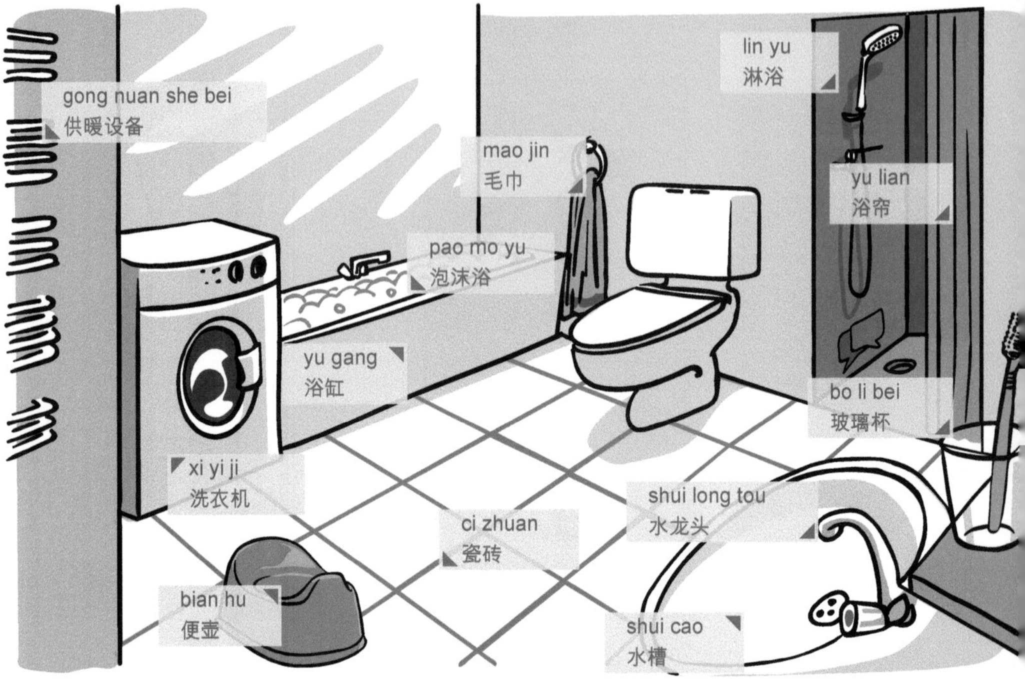
gong nuan she bei
供暖设备
lin yu
淋浴
mao jin
毛巾
yu lian
浴帘
pao mo yu
泡沫浴
yu gang
浴缸
bo li bei
玻璃杯
xi yi ji
洗衣机
shui long tou
水龙头
ci zhuan
瓷砖
bian hu
便壶
shui cao
水槽

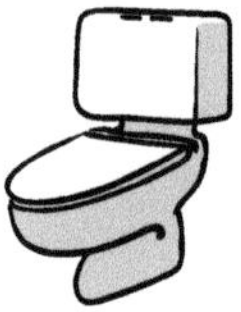

ce suo

厕所

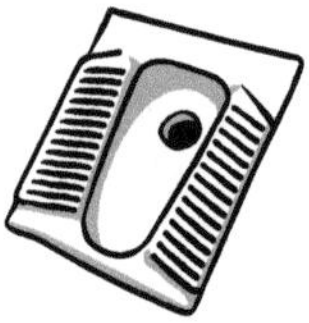

dun bian qi

蹲便器

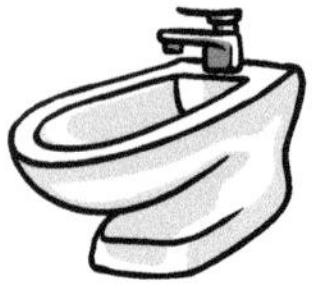

zuo yu qi

坐浴器

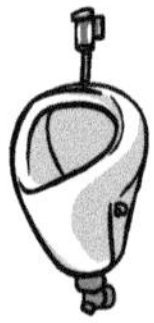

xiao bian chi

小便池

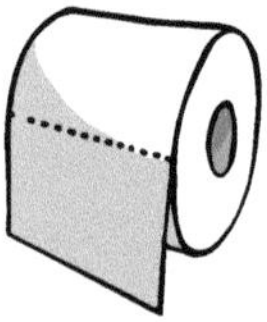

ce zhi

厕纸

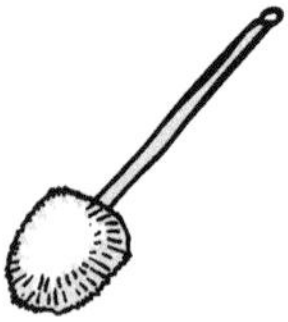

ma tong shua

马桶刷

ya shua

牙刷

ya gao

牙膏

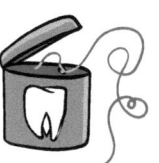

ya xian

牙线

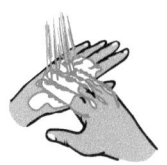

xi

洗

shou chi shi pen lin tou

手持式喷淋头

chong xi qi

冲洗器

xi lian pen

洗脸盆

ca bei shua

擦背刷

fei zao

肥皂

mu yu lu

沐浴露

xi fa shui

洗发水

fa lan rong

法兰绒

pai shui

排水

ru shuang

乳霜

chu chou ji

除臭剂

jing zi

镜子

shou jing

手镜

ti xu dao

剃须刀

ti xu pao mo

剃须泡沫

xu hou shui

须后水

shu zi

梳子

shua zi

刷子

chui feng ji

吹风机

pen fa ding xing ji

喷发定型剂

hua zhuang pin

化妆品

chun gao

唇膏

zhi jia you

指甲油

hua zhuang mian

化妆棉

zhi jia jian

指甲剪

xiang shui

香水

xi shu bao

洗漱包

deng zi

凳子

ji zhong cheng

计重秤

yu pao

浴袍

xiang jiao shou tao

橡胶手套

wei sheng mian tiao

卫生棉条

wei sheng jin

卫生巾

hua xue ce suo

化学厕所

# er tong fang
## 儿童房

nao zhong
闹钟
mao rong wan ju
毛绒玩具
wan ju che
玩具车
bo lang gu
拨浪鼓
wan ju wu
玩具屋
li wu
礼物


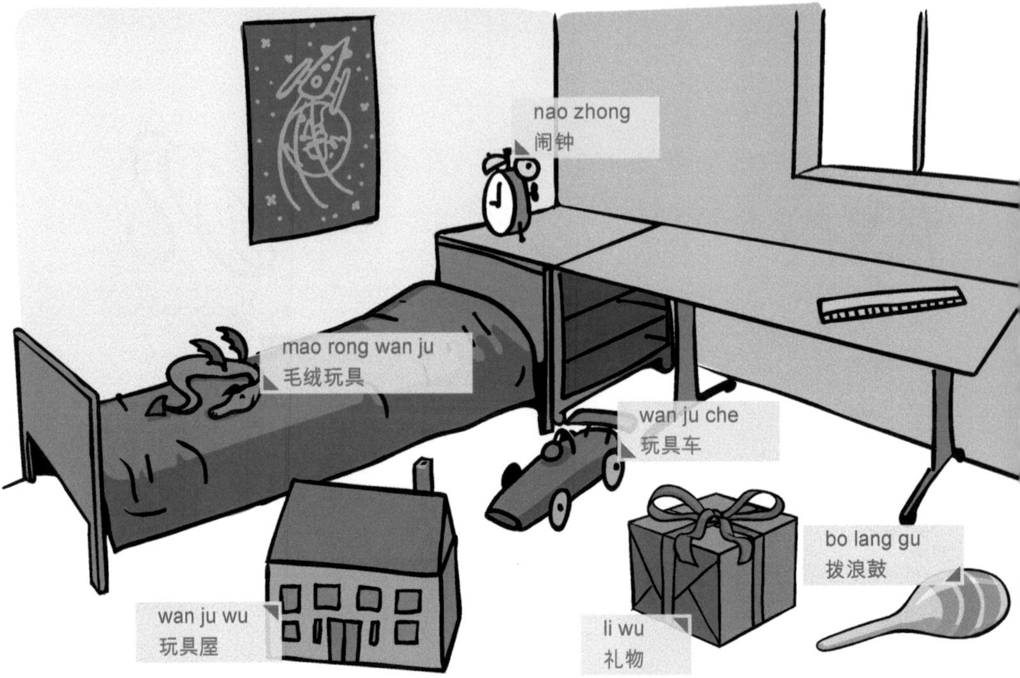

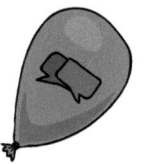

qi qiu

气球

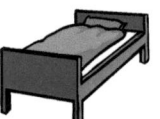

chuang

床

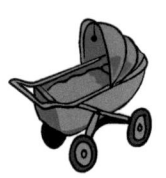

(yang wa wa yong)ying er che

（洋娃娃用）婴儿车

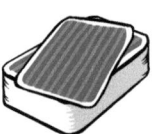

pu ke pai

扑克牌

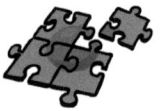

pin tu

拼图

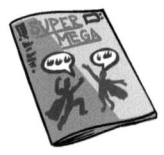

man hua

漫画

le gao ji mu

乐高积木

ji mu wan ju

积木玩具

wan ju ren

玩具人

ying er fu

婴儿服

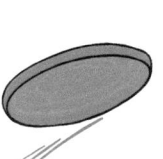

fei pan

飞盘

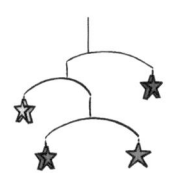

chuang ling wan ju

床铃玩具

qi pan you xi

棋盘游戏

shai zi

骰子

huo che mo xing

火车模型

an fu nai zui

安抚奶嘴

ju hui

聚会

hui ben

绘本

qiu

球

yang wa wa

洋娃娃

wan

玩

sha keng

沙坑

qiu qian

秋千

wan ju

玩具

you xi ji

游戏机

san lun che

三轮车

tai di xiong

泰迪熊

yi chu

衣柜

## yi fu

## 衣服

wa zi

袜子

chang wa

长袜

jin shen ku

紧身裤

wei jin
围巾

pi dai
皮带

yu san
雨伞

T xu
T恤

yun dong xie
运动鞋

xue zi
靴子

tuo xie
拖鞋

liang xie
凉鞋

xie
鞋

yu xue
雨靴

nei ku
内裤

xiong zhao
胸罩

bei xin
背心

shen ti

身体

ku zi

裤子

niu zai ku

牛仔裤

duan qun

短裙

nü shi chen shan

女式衬衫

chen shan

衬衫

tao tou shan

套头衫

wei yi

卫衣

xi zhuang jia ke

西装夹克

jia ke

夹克

wai tao

外套

yu yi

雨衣

tao zhuang

套装

lian yi qun

连衣裙

hun sha

婚纱

xi zhuang

西装

shui pao

睡袍

shui yi

睡衣

sha li

莎丽

tou jin

头巾

bao tou jin

包头巾

bo ka

波卡

ka fu tan

卡夫坦

(a la bo shi)chang pao

(阿拉伯式)长袍长袍

yong yi

泳衣

nan shi yong ku

男式泳裤

duan ku

短裤

yun dong fu

运动服

wei qun

围裙

shou tao

手套

niu kou

纽扣

yan jing

眼镜

shou lian

手链

xiang lian

项链

jie zhi

戒指

er huan

耳环

bian mao

便帽

yi jia

衣架

mao zi

帽子

ling dai

领带

la lian

拉链

tou kui

头盔

bei dai

背带

xiao fu

校服

zhi fu

制服

wei dou

围兜

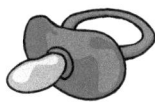

an fu nai zui

安抚奶嘴

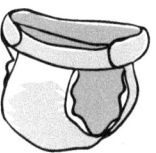

niao bu shi

尿不湿

# ban gong shi
## 办公室

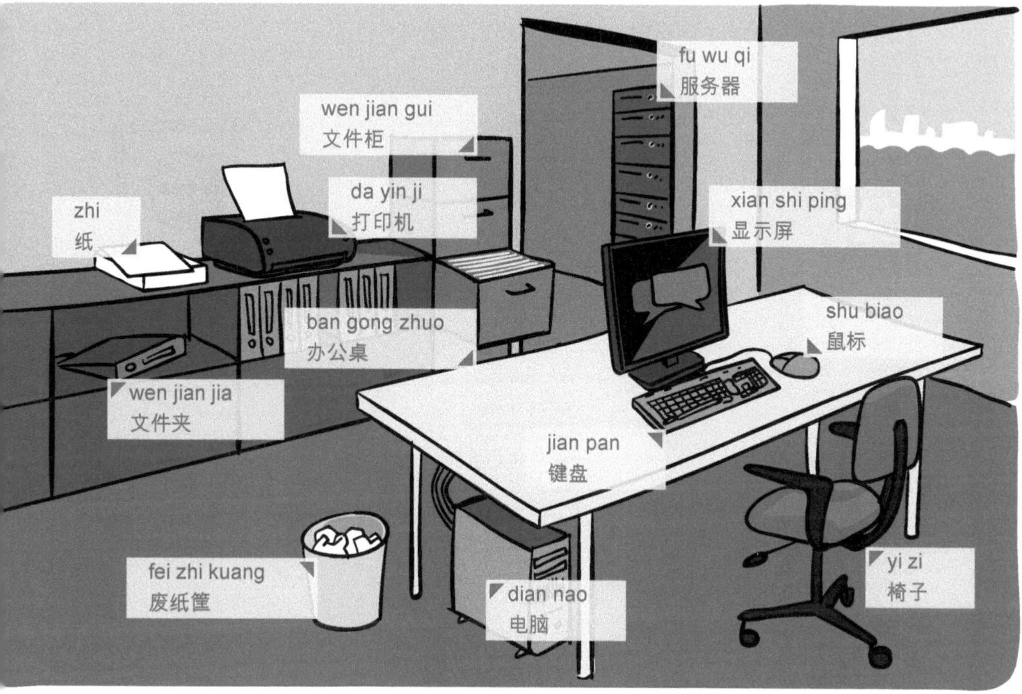

fu wu qi
服务器

wen jian gui
文件柜

da yin ji
打印机

zhi
纸

xian shi ping
显示屏

ban gong zhuo
办公桌

shu biao
鼠标

wen jian jia
文件夹

jian pan
键盘

fei zhi kuang
废纸筐

yi zi
椅子

dian nao
电脑

ka fei bei

咖啡杯

ji suan qi

计算器

yin te wang

因特网

bi ji ben dian nao

笔记本电脑

xin jian

信件

xiao xi

消息

shou ji

手机

wang luo

网络

fu yin ji

复印机

ruan jian

软件

dian hua

电话

cha zuo

插座

chuan zhen ji

传真机

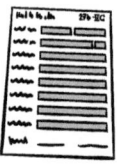

biao ge

表格

wen jian

文件

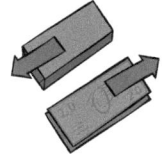

mai

买

fu qian

付钱

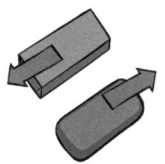

jiao yi

交易

xian jin

现金

mei yuan

美元

ou yuan

欧元

ri yuan

日元

lu bu

卢布

rui shi fa lang

瑞士法郎

ren min bi

人民币

lu bi

卢比

ti kuan chu

提款处

wai bi dui huan chu

外币兑换处

jin

金

yin

银

shi you

石油

neng yuan

能源

jia ge

价格

he tong

合同

shui jin

税金

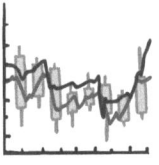

gu piao

股票

gong zuo

工作

zhi yuan

职员

lao ban

老板

gong chang

工厂

shang dian

商店

# zhi ye
# 职业

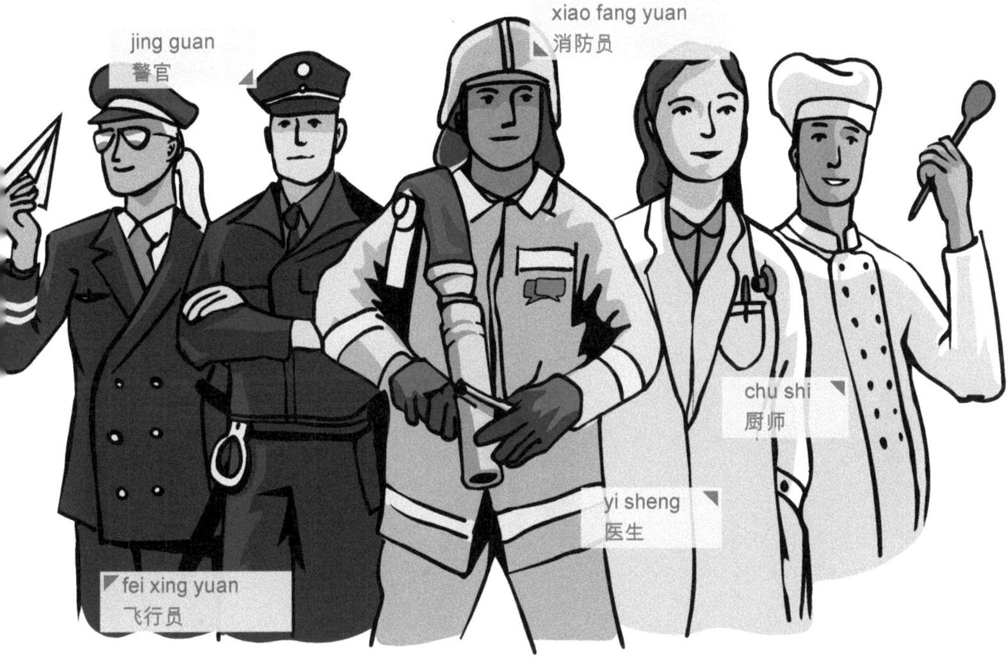

jing guan
警官
xiao fang yuan
消防员
chu shi
厨师
yi sheng
医生
fei xing yuan
飞行员


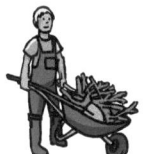

yuan ding

园丁

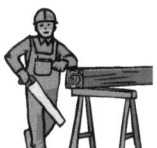

mu jiang

木匠

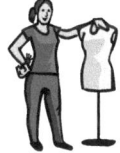

cai feng

裁缝

fa guan

法官

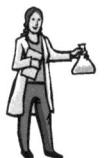

hua xue jia

化学家

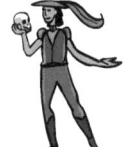

yan yuan

演员

gong jiao che si ji

公交车司机

chu zu che si ji

出租车司机

yu fu

渔夫

qing jie nü gong

清洁女工

wu ding gong

屋顶工

fu wu yuan

服务员

lie ren

猎人

hua jia

画家

mian bao shi

面包师

dian gong

电工

jian zhu gong ren

建筑工人

gong cheng shi

工程师

tu fu

屠夫

shui guan gong

水管工

you di yuan

邮递员

shi bing

士兵

jian zhu shi

建筑师

shou yin yuan

收银员

hua nong

花农

li fa shi

理发师

shou piao yuan

售票员

ji xie shi

机械师

chuan zhang

船长

ya yi

牙医

ke xue jia

科学家

la bi

拉比

yi ma mu

伊玛目

he shang

和尚

mu shi

牧师

# gong ju

## 工具

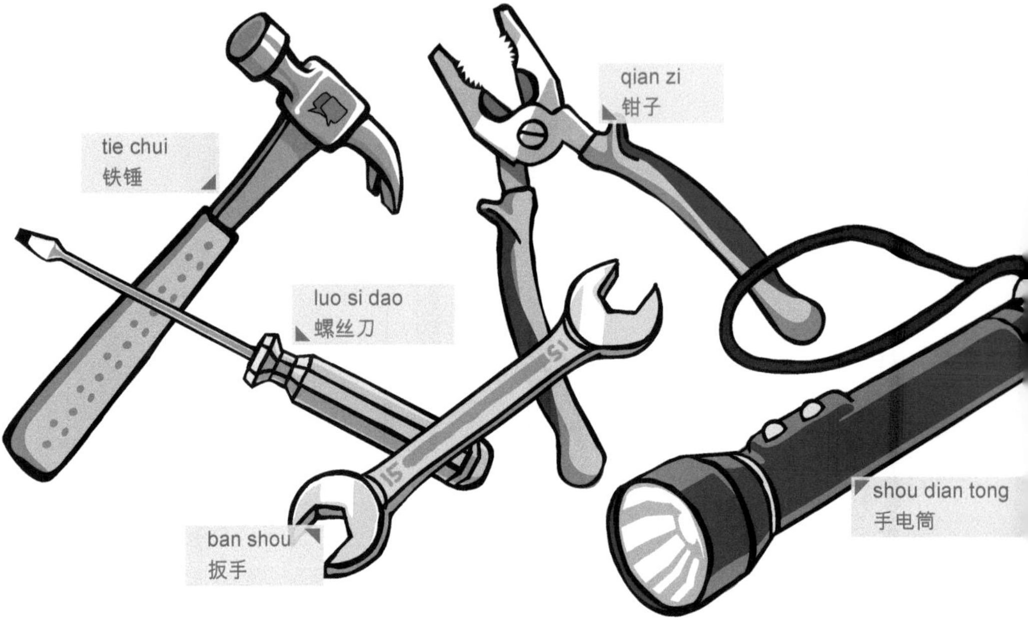
tie chui
铁锤
qian zi
钳子
luo si dao
螺丝刀
ban shou
扳手
shou dian tong
手电筒

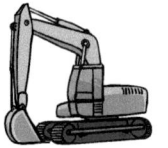

wa jue ji

挖掘机

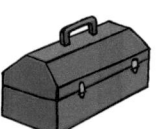

gong ju xiang

工具箱

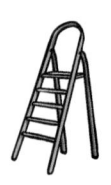

ti zi

梯子

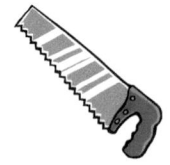

ju zi

锯子

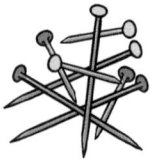

ding zi

钉子

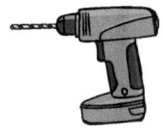

zuan ji

钻机

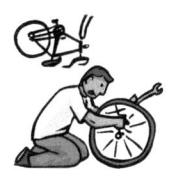

xiu

修

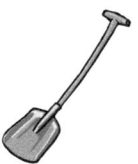

chan zi

铲子

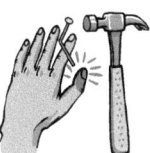

kao!

靠！

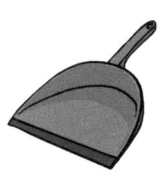

bo ji

簸箕

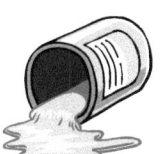

you qi tong

油漆桶

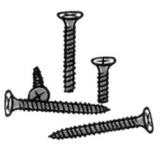

luo si

螺丝

# yue qi
# 乐器

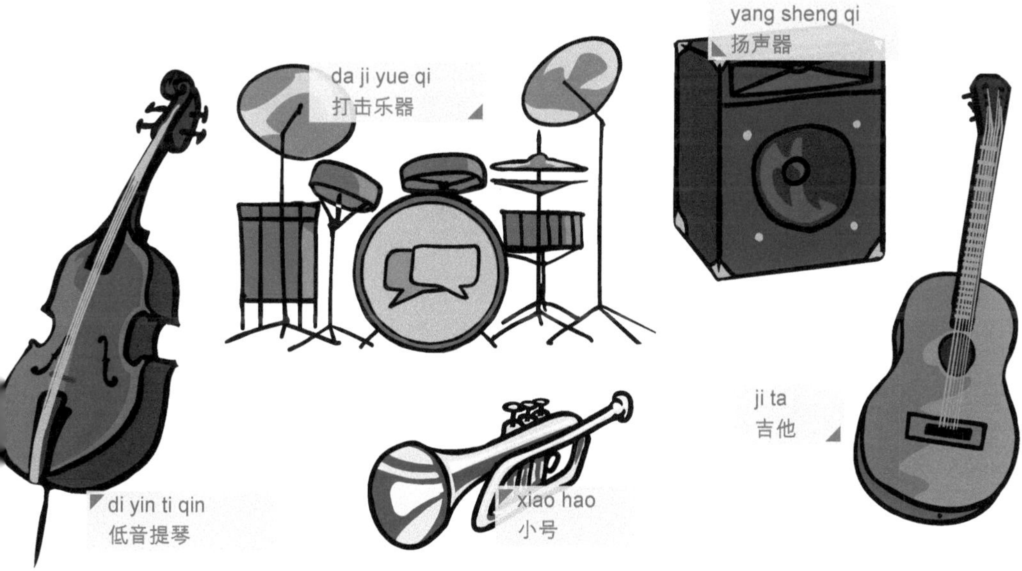
yang sheng qi
扬声器
da ji yue qi
打击乐器
ji ta
吉他
di yin ti qin
低音提琴
xiao hao
小号

gang qin

钢琴

xiao ti qin

小提琴

bei si

贝斯

ding yin gu

定音鼓

gu

鼓

dian zi qin

电子琴

sa ke si guan

萨克斯管

chang di

长笛

mai ke feng

麦克风

# dong wu yuan

## 动物园

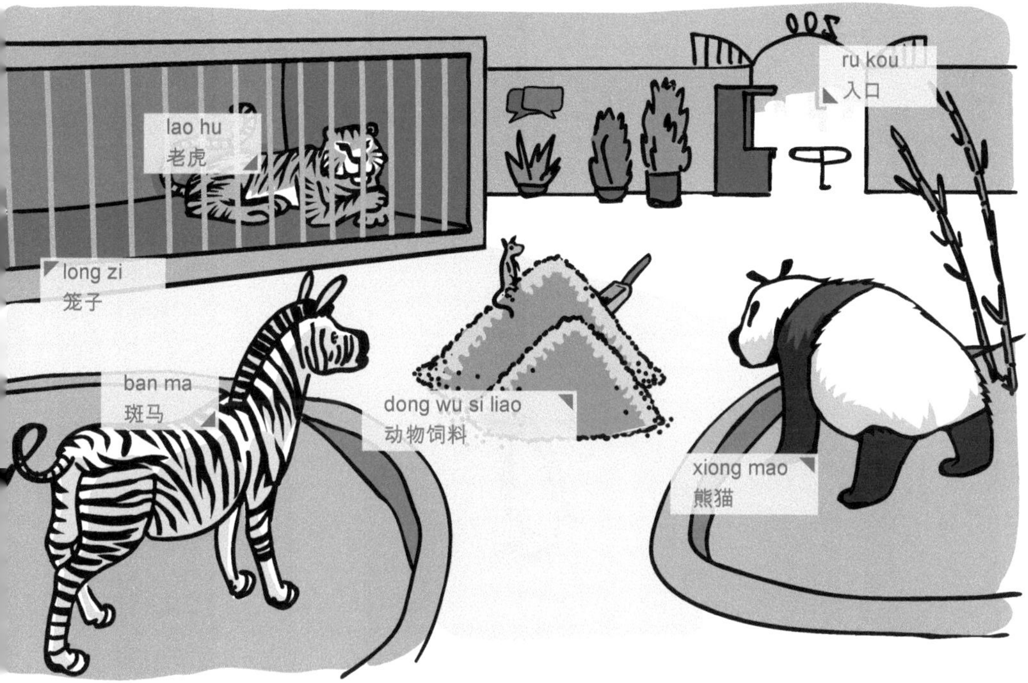

ru kou
入口
lao hu
老虎
long zi
笼子
ban ma
斑马
dong wu si liao
动物饲料
xiong mao
熊猫


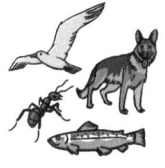

dong wu

动物

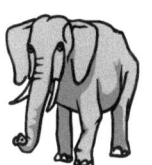

da xiang

大象

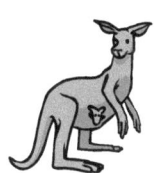

dai shu

袋鼠

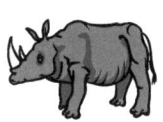

xi niu

犀牛

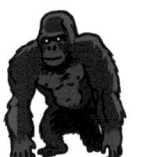

da xing xing

大猩猩

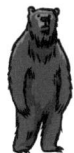

xiong

熊

luo tuo

骆驼

tuo niao

鸵鸟

shi zi

狮子

hou zi

猴子

huo lie niao

火烈鸟

ying wu

鹦鹉

bei ji xiong

北极熊

qi e

企鹅

sha yu

鲨鱼

kong que

孔雀

she

蛇

e yu

鳄鱼

dong wu yuan guan li yuan

动物园管理员

hai bao

海豹

mei zhou bao

美洲豹

ai zhong ma

矮种马

bao

豹

he ma

河马

chang jing lu

长颈鹿

lao ying

老鹰

ye zhu

野猪

yu

鱼

gui

龟

hai xiang

海象

hu li

狐狸

ling yang

羚羊

gan lan qiu
橄榄球

qi zi xing che
骑自行车

wang qiu
网球

lan qiu
篮球

you yong
游泳

quan ji
拳击

bing qiu
冰球

ying shi zu qiu

英式足球

yu mao qiu

羽毛球

tian jing

田径

shou qiu

手球

hua xue

滑雪

ma qiu

马球

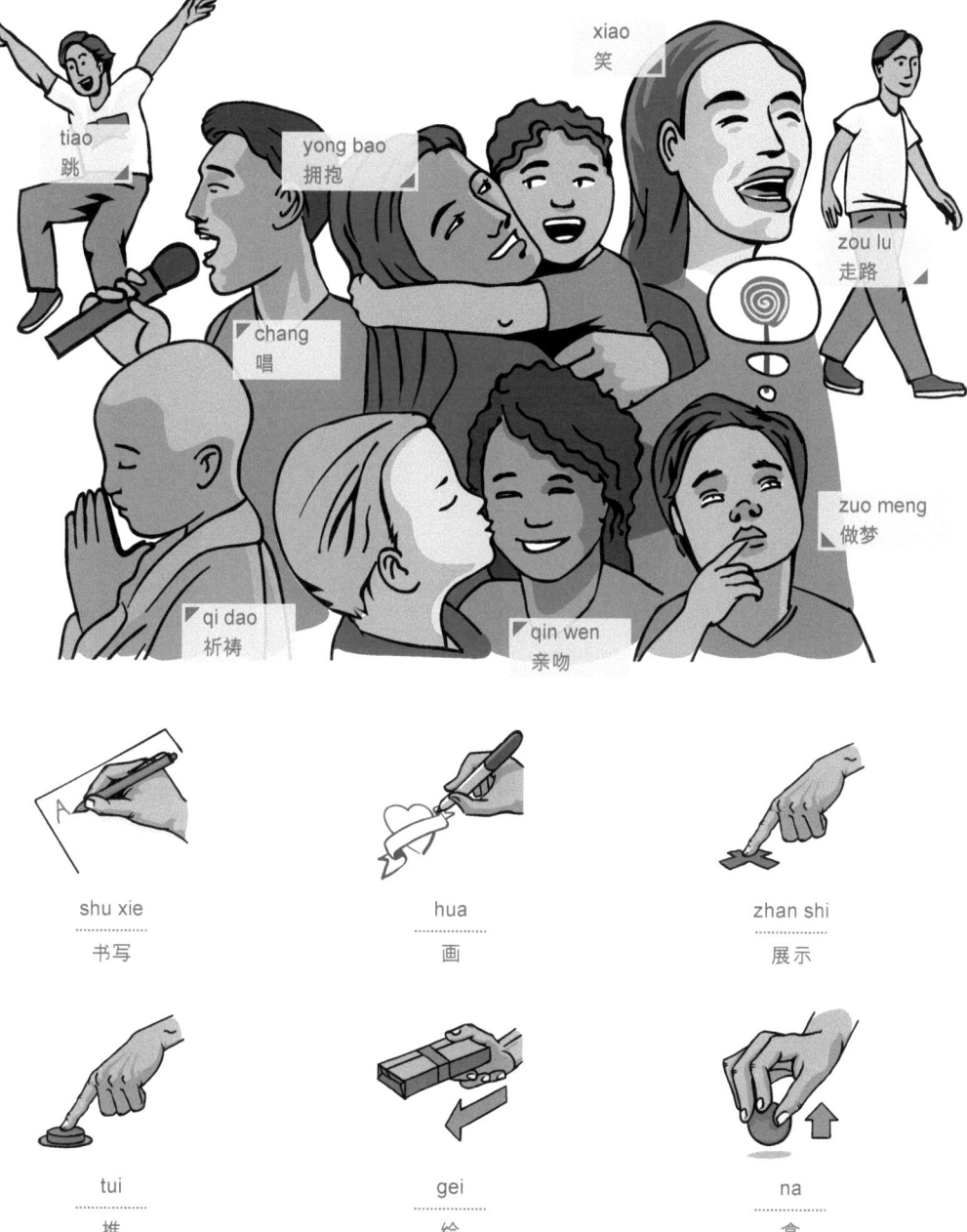

xiao
笑

tiao
跳

yong bao
拥抱

zou lu
走路

chang
唱

zuo meng
做梦

qi dao
祈祷

qin wen
亲吻

shu xie
书写

hua
画

zhan shi
展示

tui
推

gei
给

na
拿

you
有

zuo
做

dang
当

zhan
站

pao
跑

la
拉

reng
扔

shuai dao
摔倒

tang
躺

deng dai
等待

xie dai
携带

zuo
坐

chuan yi
穿衣

shui jiao
睡觉

xing lai
醒来

kan

看

ku

哭

fu mo

抚摸

shu tou

梳头

jiao tan

交谈

ming bai

明白

wen

问

ting

听

he

喝

chi

吃

qing li

清理

ai

爱

zuo fan

做饭

kai che

开车

fei

飞

hang xing

航行

ji suan

计算

du

读

xue xi

学习

gong zuo

工作

jie hun

结婚

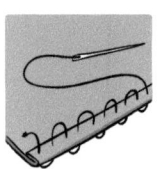

feng

缝

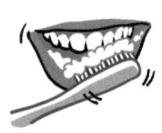

shua ya

刷牙

sha

杀

chou yan

抽烟

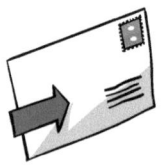

ji

寄

# jia
# 家

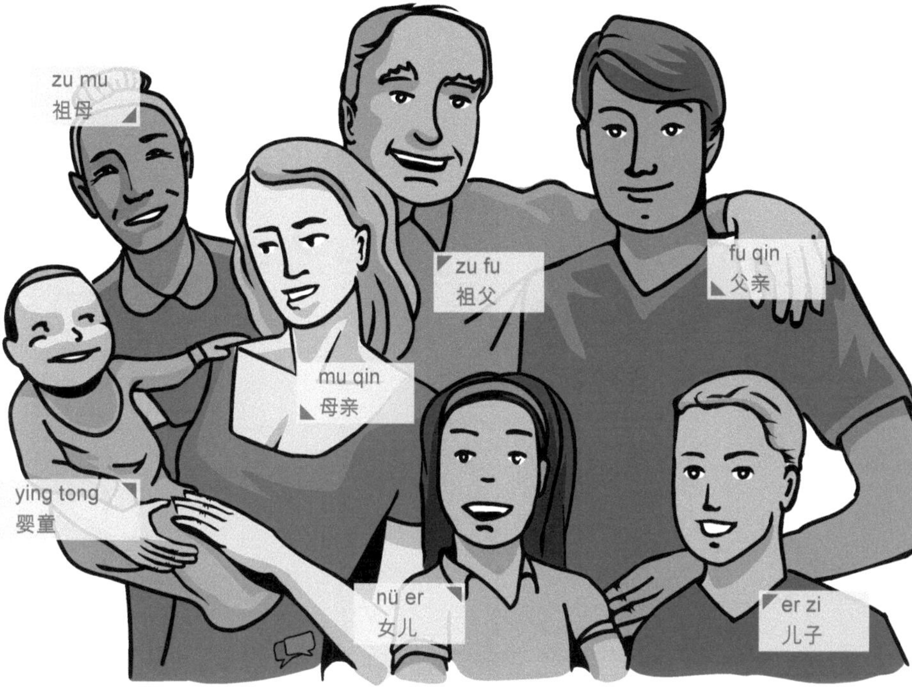

zu mu
祖母
zu fu
祖父
fu qin
父亲
mu qin
母亲
ying tong
婴童
nü er
女儿
er zi
儿子


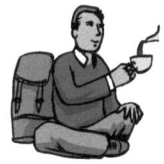

ke ren

客人

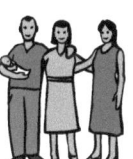

a yi

阿姨

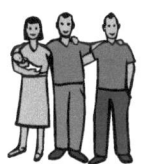

shu shu

叔叔

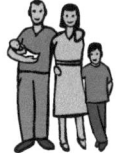

xiong di

兄弟

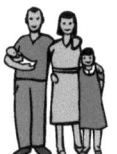

jie mei

姐妹

# shen ti
# 身体

qian e
前额
yan jing
眼睛
jian bang
肩膀
shou zhi
手指
lian
脸
xia ba
下巴
shou
手
tui
腿
ru fang
乳房
shou bi
手臂

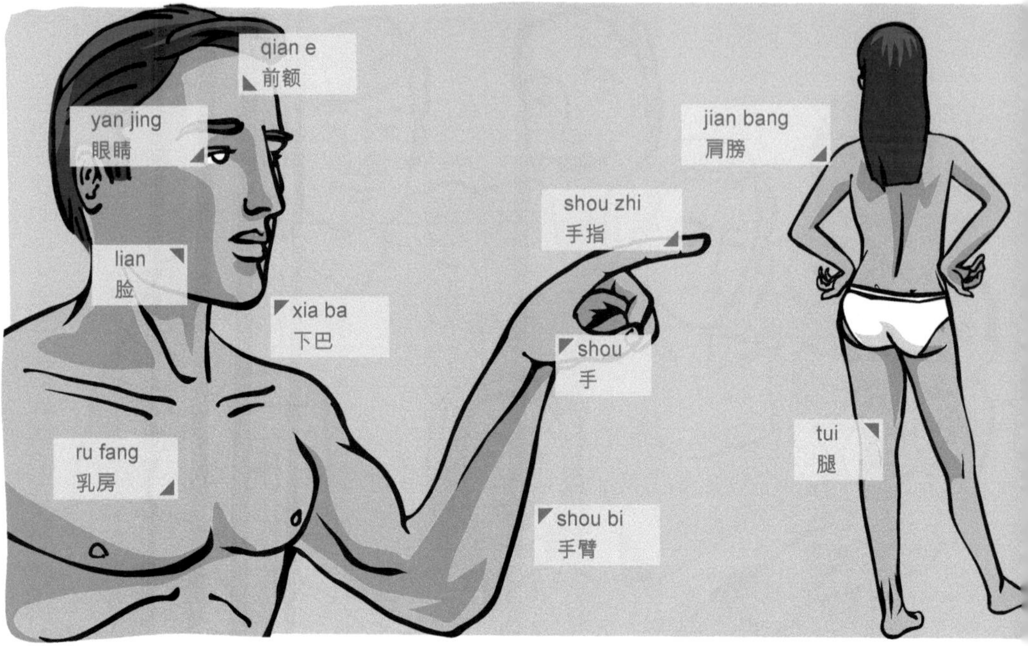

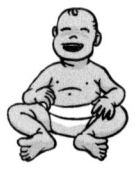

ying tong

婴童

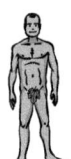

nan ren

男人

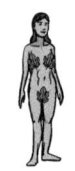

nü ren

女人

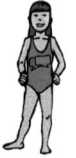

nü hai

女孩

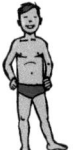

nan hai

男孩

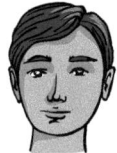

tou

头

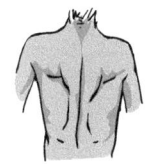

bei bu

背部

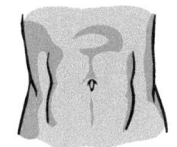

du zi

肚子

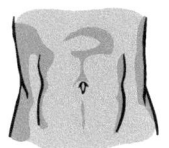

du qi

肚脐

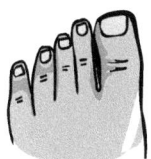

jiao zhi

脚趾

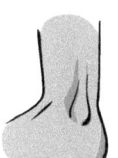

jiao hou gen

脚后跟

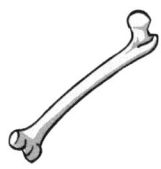

gu tou

骨头

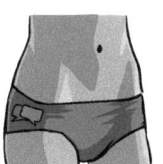

tun bu

臀部

xi gai

膝盖

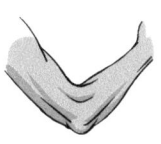

shou zhou

手肘

bi zi

鼻子

pi gu

屁股

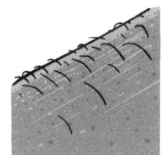

pi fu

皮肤

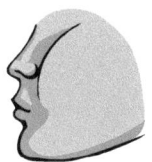

lian jia

脸颊

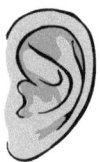

er duo

耳朵

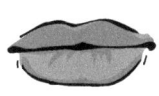

zui chun

嘴唇

zui

嘴

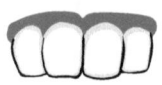

ya chi

牙齿

she tou

舌头

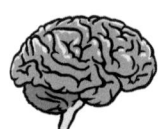

nao

脑

xin zang

心脏

ji rou

肌肉

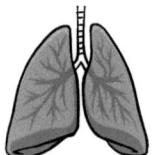

fei

肺

gan zang

肝脏

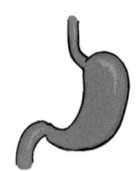

wei

胃

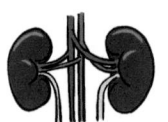

shen zang

肾脏

xing jiao

性交

bi yun tao

避孕套

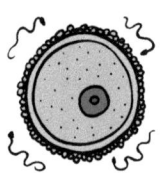

luan zi

卵子

jing zi

精子

huai yun

怀孕

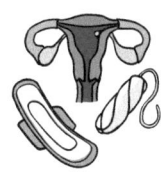

yue jing

月经

yin dao

阴道

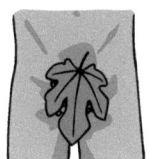

yin jing

阴茎

mei mao

眉毛

tou fa

头发

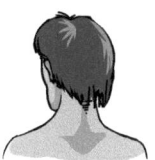

bo zi

脖子

# yi yuan
# 医院

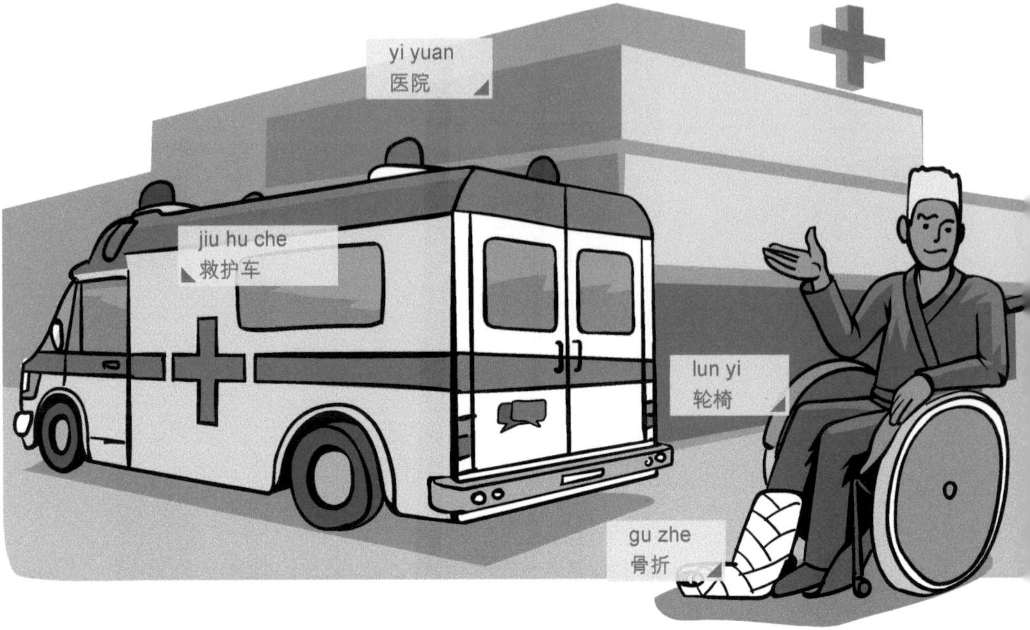

yi yuan
医院
jiu hu che
救护车
lun yi
轮椅
gu zhe
骨折

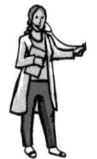

yi sheng
医生

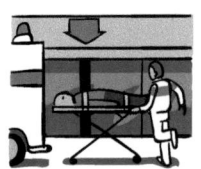

ji zhen shi
急诊室

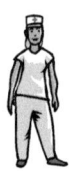

hu shi
护士

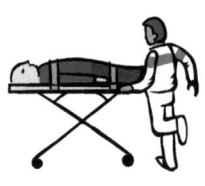

jin ji qing kuang
紧急情况

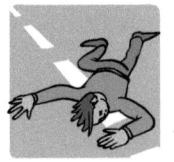

hun mi
昏迷

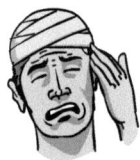

tong
痛

shou shang

受伤

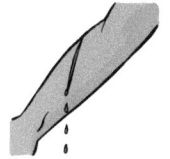

chu xue

出血

xin zang bing fa zuo

心脏病发作

zhong feng

中风

guo min

过敏

ke sou

咳嗽

fa shao

发烧

liu gan

流感

fu xie

腹泻

tou tong

头痛

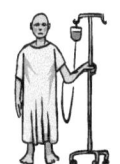

ai zheng

癌症

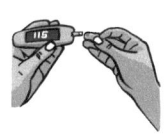

tang niao bing

糖尿病

wai ke yi sheng

外科医生

shou shu dao

手术刀

shou shu

手术

CT

CT

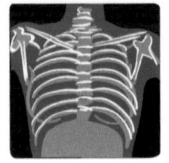

X guang

X光

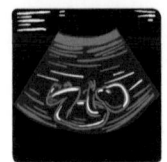

chao sheng bo

超声波

kou zhao

口罩

ji bing

疾病

hou zhen shi

候诊室

guai zhang

拐杖

shi gao

石膏

beng dai

绷带

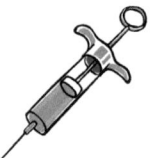

zhu she

注射

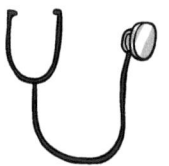

ting zhen qi

听诊器

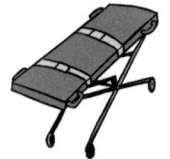

dan jia

担架

ti wen ji

体温计

chu sheng

出生

chao zhong

超重

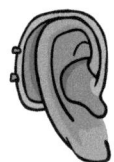

zhu ting qi

助听器

xiao du ye

消毒液

gan ran

感染

bing du

病毒

ai zi bing

艾滋病

yao wu

药物

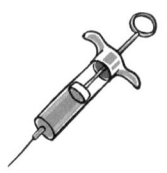

jie zhong yi miao

接种疫苗

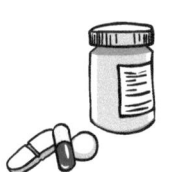

yao pian

药片

yao wan

药丸

ji jiu dian hua

急救电话

xue ya ji

血压计

sheng bing/jian kang

生病/健康

jiu ming!

救命！

jing bao

警报

tu ji

突击

gong ji

攻击

wei xian

危险

jin ji chu kou

紧急出口

zhao huo la!

着火啦！

mie huo qi

灭火器

yi wai

意外

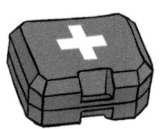

ji jiu xiang

急救箱

hu jiu xin hao

呼救信号

jing cha

警察

ou zhou

欧洲

bei mei zhou

北美洲

nan mei zhou

南美洲

fei zhou

非洲

ya zhou

亚洲

ao zhou

澳洲

da xi yang

大西洋

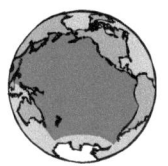

tai ping yang

太平洋

yin du yang

印度洋

nan bing yang

南冰洋

bei bing yang

北冰洋

bei ji

北极

nan ji

南极

nan ji zhou

南极洲

di qiu

地球

lu di

陆地

hai

海

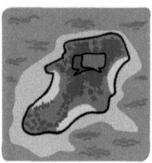

dao

岛

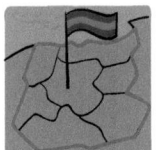

guo jia

国家

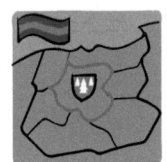

guo jia

国家

zhong mian

钟面

shi zhen

时针

fen zhen

分针

miao zhen

秒针

xian zai ji dian?

现在几点？

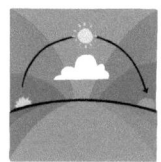

tian

天

shi jian

时间

xian zai

现在

dian zi biao

电子表

fen

分

shi

时

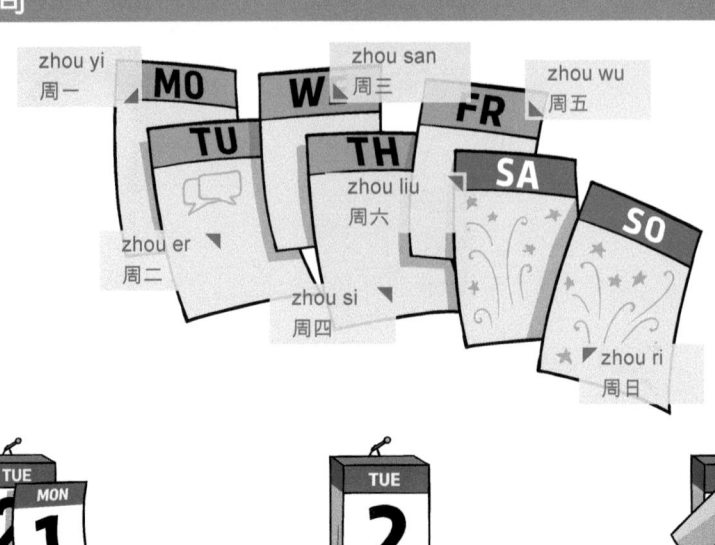

**zuo tian**

昨天

**jin tian**

今天

**ming tian**

明天

**zao chen**

早晨

**zhong wu**

中午

**wan shang**

晚上

**gong zuo ri**

工作日

**zhou mo**

周末

yu
雨

cai hong
彩虹

xue
雪

feng
风

chun
春

qiu
秋

xia
夏

dong
冬

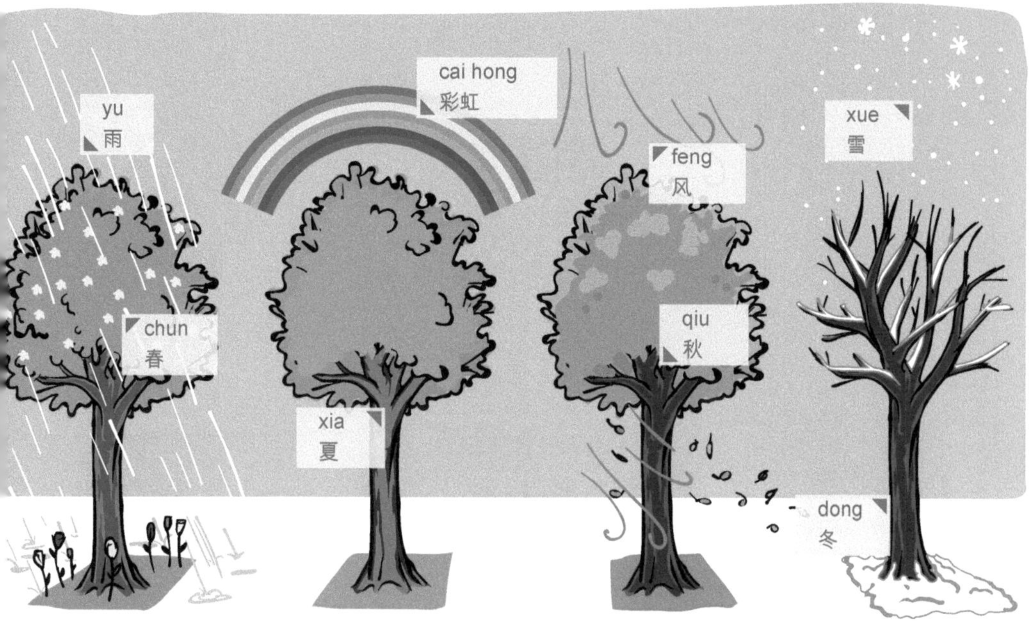

tian qi yu bao

天气预报

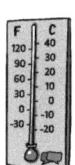

wen du ji

温度计

yang guang

阳光

yun

云

wu

雾

chao shi

潮湿

shan dian

闪电

da lei

打雷

feng bao

风暴

bing bao

冰雹

ji feng

季风

hong shui

洪水

bing

冰

yi yue

一月

er yue

二月

san yue

三月

si yue

四月

wu yue

五月

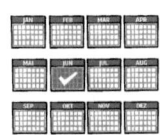

liu yue

六月

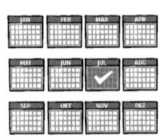

qi yue

七月

ba yue

八月

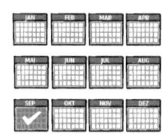

jiu yue

九月

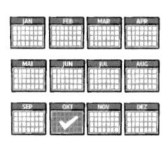

shi yue

十月

shi yi yue

十一月

shi er yue

十二月

yuan xing

圆形

zheng fang xing

正方形

chang fang xing

长方形

san jiao xing

三角形

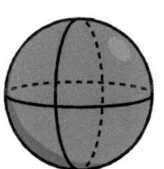

qiu ti

球体

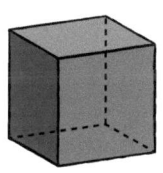

li fang ti

立方体

bai

白

huang

黄

cheng

橙

fen

粉

hong

红

zi

紫

lan

蓝

lü

绿

zong

棕

hui

灰

hei

黑

hen duo/shao xu

很多/少许

sheng qi/ping jing

生气/平静

mei/chou

美/丑

shou/wei

首/尾

da/xiao

大/小

ming/an

明/暗

xiong di/jie mei

兄弟/姐妹

gan jing/ang zang

干净/肮脏

wan zheng/que shi

完整/缺失

bai tian/wan shang

白天/晚上

si/sheng

死/生

kuan/zhai

宽/窄

ke shi yong/fei shi yong

可食用/非食用

xie e/shan liang

邪恶/善良

xing fen/wu liao

兴奋/无聊

pang/shou

胖/瘦

di yi/zui hou

第一/最后

peng you/di ren

朋友/敌人

man/kong

满/空

ying/ruan

硬/软

zhong/qing

重/轻

e/ke

饿/渴

sheng bing/jian kang

生病/健康

fei fa/he fa

非法/合法

cong ming/yu ben

聪明/愚笨

zuo/you

左/右

jin/yuan

近/远

xin/jiu

新/旧

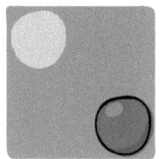

mei you/you xie

没有/有些

lao/you

老/幼

kai/guan

开/关

da kai/he shang

打开/合上

an jing/chao nao

安静/吵闹

fu/qiong

富/穷

dui/cuo

对/错

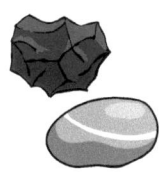

cu cao/guang hua

粗糙/光滑

shang xin/gao xing

伤心/高兴

duan/chang

短/长

man/kuai

慢/快

shi/gan

湿/干

wen nuan/liang shuang

温暖/凉爽

zhan zheng/he ping

战争/和平

**0**

ling

零

**1**

yi

一

**2**

er

二

**3**

san

三

**4**

si

四

**5**

wu

五

**6**

liu

六

**7**

qi

七

**8**

ba

八

**9**

jiu

九

**10**

shi

十

**11**

shi yi

十一

**12**

shi er

十二

**13**

shi san

十三

**14**

shi si

十四

**15**

shi wu

十五

**16**

shi liu

十六

**17**

shi qi

十七

**18**

shi ba

十八

**19**

shi jiu

十九

**20**

er shi

二十

**100**

bai

百

**1.000**

qian

千

**1.000.000**

bai wan

百万

ying yu

英语

mei shi ying yu

美式英语

pu tong hua

普通话

yin di yu

印地语

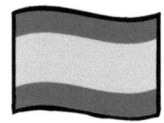

xi ban ya yu

西班牙语

fa yu

法语

a la bo yu

阿拉伯语

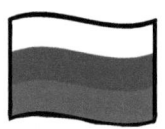

e yu

俄语

pu tao ya yu

葡萄牙语

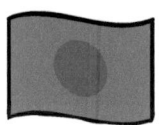

feng jia la yu

孟加拉语

de yu

德语

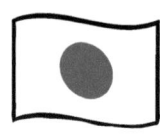

ri yu

日语

wo

我

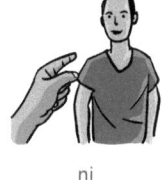

ni

你

ta/ta/ta

他/她/它

wo men

我们

ni men

你们

ta men

他们

shei?

谁？

shen me?

什么？

zen yang?

怎样？

na li?

哪里？

shen me shi hou?

什么时候？

ming zi

名字

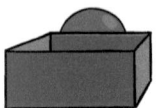

hou mian

后面

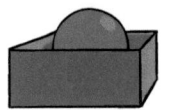

li mian

里面

qian mian

前面

shang fang

上方

shang mian

上面

xia mian

下面

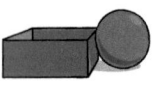

pang bian

旁边

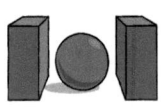

zhong jian

中间

di dian

地点